D0659756

DU MÊME AUTEUR

Aux Éditions Gallimard

LA PREMIÈRE GORGÉE DE BIÈRE ET AUTRES PLAISIRS MINUSCULES (prix Grandgousier 1997), collection L'Arpenteur.

LA SIESTE ASSASSINÉE, collection L'Arpenteur.

LA BULLE DE TIEPOLO, collection Blanche.

Gallimard Jeunesse

ELLE S'APPELAIT MARINE, Folio junior, n° 901. Illustrations in-texte de Martine Delerm. Couverture illustrée par Georges Lemoine.

EN PLEINE LUCARNE, Folio junior, n° 1215. Illustrations de Jean-Claude Götting.

Dans la collection Écoutez lire

LA PREMIÈRE GORGÉE DE BIÈRE ET AUTRES PLAISIRS MINUSCULES (2 CD).

DICKENS, BARBE À PAPA ET AUTRES NOURRITURES DÉLECTABLES (1 CD).

Aux Éditions du Mercure de France

IL AVAIT PLU TOUT LE DIMANCHE, Folio, n° 3309.

MONSIEUR SPITZWEG S'ÉCHAPPE, Petit Mercure.

Aux Éditions du Rocher

ENREGISTREMENTS PIRATES.

LA CINQUIÈME SAISON, Folio, n° 3826.

UN ÉTÉ POUR MÉMOIRE, Folio, n° 4132.

LE BONHEUR. TABLEAUX ET BAVARDAGES.

Suite des œuvres du même auteur en fin de volume.

L'Arpenteur

Collection dirigée
par Gérard Bourgadier

Philippe Delerm

DICKENS, BARBE À PAPA

ET AUTRES NOURRITURES DÉLECTABLES

récits

Gallimard

J'aime ce qui me nourrit : le boire, le manger, les livres.

LA BOÉTIE

Les plats se lisent et les livres se mangent.

MARCEL PROUST

Toujours pâle et absorbée, elle lisait avec un
air dur, à côté d'une tasse de chocolat refroidi.

COLETTE

Il ne lit pas : il dévore. C'est d'un enfant qu'on dit cela. Qu'en était-il des livres, à l'âge où l'on dévore ? Qu'en était-il du boire et du manger ? Des traces en sont restées, qui donnent envie d'écrire. Mais le désir s'est prolongé. La faim, la soif, les mots. Bien sûr que l'on dévore encore, et c'est très bon. Merci pour la purée, pour Alain de Botton, pour le vin chaud, pour Léautaud, pour les *Mustang* de don Pedro, pour Flaubert et la menthe à l'eau, pour la pizza des pas perdus, les nuits anglaises de Dickens et les secrets du mousseux tiède. Bien sûr que l'on dévore encore. Comment se souvenir sinon d'avoir pu dévorer ?

Purée vivante

Au fil des ans, la purée est devenue simplement un accompagnement. Au restaurant, surtout. Là, c'est comme si la purée de pommes de terre était proscrite, honteuse. Certes, on peut trouver jolies ces petites taches de couleur sur l'assiette large. Pintade avec ses trois purées : céleri, topinambour, pois cassés. Carotte, quelquefois. Trois ronds de mousse tiède et parfumée. Avalé chacun en deux bouchées. Là commence la perversion. Peut-on décemment appeler purée ce qui se mange en deux bouchées ? Le mot lui-même appelle un autre espace, une autre densité.

Alors chez soi, un soir, on se fait une vraie purée. Déploiement d'un journal sur la table de la cuisine, pour raison d'épluchage. Un vieux numéro de *L'Équipe* est très bien pour ça. En attaquant les patates, entre deux coups d'épluche-légumes, c'est intéressant de savoir ce que Zidane pensait à la veille du match contre Monaco qui s'est joué il y a six mois. C'est comme les images des années 1900 où l'on évoquait l'an 2000. On a tout son temps. Lavage intransigeant des pommes de terre sous l'eau froide, séchage sur un torchon immaculé étalé sur l'évier. Peut-être pas très nécessaire, puisqu'on va les plonger dans l'eau de la casserole, mais il semble que les choses sont plus parfaites ainsi.

La cuisson est toujours plus longue qu'on ne pense. Avec une fourchette, on sonde la texture : pas trop dure ni trop molle, il faut couper le feu au bon moment. Mais, l'eau vidée, c'est après qu'il faut doser avec sagacité le lait, le beurre. Et puis la volupté de l'écrasement au presse-purée. Rien de très difficile, mais un engagement physique et mental constant — les nouvelles à la radio ronronnent, on ne les écoute pas vraiment.

On aurait pu faire aussi des chipolatas, ou du boudin. Mais non. C'est mieux de remplir son assiette de purée, de se concentrer sur l'objectif. Et puis on sait bien. On ne pourra pas s'empêcher d'étaler, de parfaire le cercle, de commencer à dessiner avec le dos de la fourchette ces stries en diagonale et en carré — une galette de purée, l'enfance n'est pas morte.

Lecteur entre deux peurs

Quelque part au cœur d'un Londres dix-neuvième, le comble de la civilisation et de la racaille mêlées. Les destins faramineux nés d'héritages compliqués y sont sans cesse menacés par des hommes de main : leur rire sardonique traverse les brouillards de Tavistock Square. Le héros de Dickens habite quelque temps une rue populaire, un appartement modeste et confortable. Une logeuse s'occupe de son linge, prépare ses repas, remet du charbon dans le poêle. En dépit de la sympathie que nous inspire le jeune homme, nous le trouvons un peu goujat de se laisser ainsi servir par une vieille femme. Pour lui qui n'a connu jusque-là que marâtres et pensionnats cruels, c'est certes une revanche sur le sort. Elle nous semble équivoque et frêle. Ce petit côté installé est bon à prendre. Il ne va pas durer. Bientôt, notre héros devra quitter les lieux dans l'effarement d'une nuit au couteau. Un compagnon taciturne enveloppé dans un long manteau noir fait danser dans l'escalier les ombres terrifiantes d'une lanterne sourde. Il y aura beaucoup de pluie, les quais de la Tamise, une poursuite en bateau... Nous serons soulagés de retrouver le jeune homme cheminant dans un sentier herbeux, à nouveau libre et sans le sou. Le vent froid du matin soufflera sa nouvelle chance.

Pour nous qui savons mieux que lui ses risques et son danger, la saveur ouatée de l'appartement petit-bourgeois londonien est délectable. Elle dure quelques pages, et c'est en imagination que nous goûtons les motifs bleu pâle du papier peint, les courbes du fauteuil tendu de velours prune, les scènes des *Mille et Une Nuits* reproduites en gris cendré sur les assiettes rangées dans le haut vaisselier. L'auteur ne nous dit rien de tout cela. Il se contente de bourrer l'estomac de son héros d'une quantité formidable de côtelettes, dont l'excès nous est épargné. Lecteur, c'est beaucoup mieux qu'héritier locataire. On invente les meubles ; on les habite pour l'éternité.

Faire petit

« Faï petit ! » Il faut dire ces mots avec l'accent du Midi, en prononçant le second *t* — pétite. Mes deux grands-mères du Tarn-et-Garonne me lançaient cette phrase en patois, à l'heure du goûter. Faï petit. Fais petit. C'est-à-dire, coupe une large tranche de pain dans la miche d'un kilo, et accompagne-la d'une seule rondelle de saucisson, ou bien de deux carrés de chocolat. Une mesure d'économie, bien sûr, qui prévalait encore au début des années cinquante, mais qu'elles assumaient avec un léger sourire au coin des lèvres, comme si l'austérité nécessaire qu'elles avaient connue au temps de leur propre enfance était devenue un principe moral qu'elles souhaitaient m'inculquer. Et puis, surtout, parce que c'était meilleur. Il ne s'agissait pas seulement de ne pas gâcher le bon, le cher, le goûteux, mais de lui donner un prix en le distillant comme une récompense, en contraignant à le consommer très lentement.

Je ne suis pas sûr d'avoir adoré à l'époque ce saucisson, presque rance, qu'on détachait des solives du plafond. La peau en était épaisse et la consistance plutôt revêche. Mais avoir à le manger dans un océan de pain le rendait délicieux. La mie de ces miches paysannes que je trouvais bourrative et insipide à l'heure du repas prenait une légèreté presque neigeuse en se mariant avec d'infimes parties déchiquetées de la rondelle de saucisson. Ce n'était pas parce que c'était bon qu'il fallait faire petit. C'est parce qu'il fallait faire petit que c'était bon.

La première fois

Un moment historique. C'est la première vignette où on les voit ensemble. Pour les tintinophiles, c'est une question facile. Dans quel album découvre-t-on le capitaine Haddock ? *Le Crabe aux pinces d'or,* bien sûr !

Tintin est dans l'action pure. Il vient d'escalader, de nuit, la paroi menaçante du cargo Karaboudjan. En bas, une mer démontée. En haut, le rond de lumière d'un hublot entrouvert. Un grappin de fortune, deux planches attachées par une corde et lancées à plusieurs reprises avant d'atteindre leur but — Tintin ne sait pas encore qu'il s'agit de la cabine du capitaine. Ingéniosité, courage, condition physique, et Milou sur l'épaule, pour tout faciliter. Quand les planches touchent enfin leur cible, et passent à travers le hublot, elles tombent sur la tête du capitaine, qui, ne voyant personne, croit à une hallucination. Le

contraste est très fort entre les images noc-
turnes du dehors, l'obstination de Tintin qui
dérape au-dessus des vagues au moment de
l'ascension et la chaleur orangée de la cabine,
austère mais protectrice, resserrée, lambris-
sée, avec une couchette bien bordée où l'on
pourrait oublier toutes les aventures.

Mais Haddock est incapable de profiter de
son univers, qu'il n'a pas mérité par l'action.
Le dos tourné au hublot, au vent de nuit, à
tous les possibles, il effectue vaguement une
patience, révélatrice de son désœuvrement.
On devine déjà que son temps est bien davantage rythmé par l'abaissement du niveau de
whisky dans la bouteille posée à ses côtés. Sur
l'image qui nous intéresse, l'alcoolisme
occupe tout le phylactère, dans une phrase
précédée et suivie de points de suspension
éloquents : « ... C'est peut-être le whisky
qui... » Les yeux doublement cernés, la coif-
fure ébouriffée, une main angoissée posée sur
le crâne, le capitaine a le whisky coupable,
même si l'autre main tient solidement un
verre bien rempli. La subtilité de la vignette
est là. Tintin ne voit pas le même homme que
nous. Essoufflé, légèrement hagard, il se hisse
à grand-peine dans l'ouverture du hublot.
Milou semble jeter le même œil que lui sur la
silhouette de Haddock. Tintin pense avoir

affaire à un trafiquant d'opium, et, du coup, les répliques qui suivent sont prononcées sur un ton peu amène. Nous, nous avons déjà vu le capitaine aux prises avec le lieutenant Allan, et nous savons qu'il est cantonné sur son propre bateau à un rôle pitoyable de figurant, en échange de quelques bouteilles.

Ainsi naît un couple sur un malentendu, comme souvent. Plus tard, dans tous les autres albums, l'alcoolisme du capitaine Haddock sera traité avec humour — une pomme de discorde comme en ont tous les vieux couples. Ici, c'est un peu plus grave. On sent qu'Haddock ne peut rester prostré ainsi : comment admettre qu'un capitaine de bateau soit une épave ? Le Tintin nocturne, escaladeur des parois du cargo, va être cet électrochoc. À la seconde où il pénètre dans la cabine de Haddock, quelque chose se produit qui dépasse de beaucoup les stéréotypes de l'aventure en cours. Tintin va vite comprendre sa méprise. Haddock faisait ses patiences en attendant celui qui lui rendrait sa dignité. Cela ne sera jamais oublié. Pourtant, dans toutes les histoires qui vont suivre, l'équilibre du couple changera. Avec une courtoisie un rien défiante, le jeune reporter laissera la personnalité du capitaine s'exprimer, sans excès de domination ni de moralisme. Il saura composer. Mais pour les passionnés que nous sommes, cette image liminaire continuera de marquer notre imaginaire. Dans *Le Crabe aux pinces d'or*, Tintin devient le père du capitaine Haddock.

Mistral toussant

Mistral gagnant : L'introduction au piano est magnifique, d'une nostalgie bouleversante. Par ailleurs, Renaud égrène, au long du texte, tous les bonbons de son enfance et les nôtres, avec mention spéciale pour les vrais roudoudous « qui nous coupaient les lèvres et nous niquaient les dents ». Mais des Mistral gagnants, il ne dit rien. Les deux mots suffisent pour ranimer un cérémonial singulier. Mistral gagnant : c'était Mistral perdant, le plus souvent, car on ne gagnait rien, une fois sur dix. La petite pochette allongée de papier blanc avait, tout en bas, au verso, un rabat qu'on soulevait dès l'objet acheté. « Gagnant », c'était un sachet gratuit en prime. Mais « perdant », au-delà de la petite résignation obligatoire passagère, c'était l'occasion de centrer son plaisir sur une réalité palpable, qui n'avait plus rien du miroir aux alouettes évoqué par

23

le titre : dans Mistral gagnant, la moitié qui comptait, c'était Mistral. À preuve, on ne pouvait gagner qu'un autre Mistral — qui n'eût pas doublé le plaisir —, et c'est donc dans l'essence du Mistral que reposait l'espoir d'une satisfaction. Une montagne stylisée sur le sachet (en orange, ou en vert ? L'un et l'autre, peut-être) évoquait un contenu oxygéné, nordique et roboratif. On avait droit, pour le même prix, à un mince chalumeau de réglisse, destiné à aspirer la substance mystérieuse. Mais quelques irrépressibles mâchouillements avaient bien vite raison de cette pompe savoureuse que le fabricant vouait sans doute à une consommation postmistralienne — en fait, on le mangeait toujours avant. Alors on tapotait avec d'infimes précautions le sachet incliné, et le Mistral déversait directement sa neige acidulée jusqu'au fond du gosier. Les lèvres et la langue essayaient en vain de maîtriser ce flot sucreux, piquant, qui faisait tousser avec une jubilation alpestre. On s'en mettait un peu partout, une bonne partie restait collée au tuyau de réglisse. Qui peut maîtriser le mistral ?

Au ranch de don Pedro

Chez les coiffeurs il n'y a plus de livres de cow-boys. Oui, ces *Kit Carson*, ces *Mustang*, ces *Nevada Smith* petit format, couverture bariolée, intérieur noir et blanc, qui sentaient l'eau de fougère ou la violette. Même dans les maisons de la presse ils ne se vendent plus qu'à prix réduit, sous emballage plastique, et désormais livrés à une promiscuité embarrassante avec des opuscules pornographiques de même facture technique. Quant au contenu...

Ah ! ces histoires qu'on vous refusait à la maison — pas d'interdiction explicite, mais une telle somme de commentaires réducteurs : mal dessiné, mal écrit, mauvais papier —, on préférait les déguster tout son soûl en attendant son tour chez le coiffeur. Ça se passait dans les déserts, les saloons, les haciendas, et l'on comprenait mal qu'on pût vous dire que c'était mal dessiné, car on trouvait fière allure aux chevaux et aux winchesters gainées de cuir à franges pendant le long des selles, et fort impressionnants les squelettes de têtes de taureaux dressées sur des porches rudimentaires au seuil des ranchs. Certes, il n'y avait pas la musique angoissante ou victorieuse des westerns, mais la contiguïté des images n'avait pas de prix. On pouvait cadencer au rythme de son imagination ces carrés d'action pure, ces phylactères réduits au strict minimum — on parlait très peu dans ces histoires ; l'action se suivait surtout au rythme des cartouches, si bien nommés ici, en haut à gauche de l'image : « Ce soir-là, au ranch de don Pedro... Une silhouette se glisse le long de la prison... Le lendemain matin... »

Quel crève-cœur quand il fallait abandonner l'Arizona pour passer sous la morsure glacée de la tondeuse !

En attendant de voir disparaître tout à fait ces opuscules — dont on s'étonne qu'ils parviennent à survivre tant soi peu — on en achète à l'occasion, et on éprouve un grand plaisir à entrer dans l'histoire, même si l'on a quelque peine à la terminer. Savourer encore quarante pages de *Mustang*, c'est un meilleur rapport qualité-prix que pour tant d'œuvres littéraires qu'on se doit de lire sous peine de délabrement intellectuel. Aujourd'hui comme hier, c'est bon de mépriser la prescription.

Garonne à la menthe

La bouteille de menthe à l'eau enrobée dans un linge humide. On la cachait au fond du panier, à l'ombre, quand on partait pour la Garonne. Il y avait d'abord tout le trajet à pied dans la chaleur de l'été. La ferme des Forno passée, on traversait le canal émeraude au pont tournant. Alors, on pénétrait au pays de Garonne. La route se faisait chemin d'herbe blonde entre les peupliers. L'odeur un peu fade de la terre légère et des feuilles tombées laissait bientôt place à ce mélange autrement fort de menthe sauvage et de vase à demi séchée qui m'annonçait avec délice et crainte le bord de l'eau. Bientôt on apercevait le grand platane, où le campement s'installait. En contrebas, la plage de galets descendant au fleuve. Il y avait du courant. On racontait toujours l'anecdote mythique de mon frère traversant la Garonne et dérivant longtemps vers la berge opposée.

27

L'employé du bac avait dit à mon grand-père que son petit-fils avait failli se noyer. Quant à mon frère, il haussait les épaules et prétendait qu'il avait attendu seulement de trouver une portion de rive sans roncier.

J'étais bien loin de ces exploits. L'eau m'attirait et m'effrayait. Mon père m'apprenait à nager la brasse : une... deux... trois-quatre ! Mes exploits natatoires s'étaient limités bien vite à l'acquisition d'un masque et d'un tuba, et à l'impression d'effectuer un acte héroïque en mettant la tête sous l'eau pour regarder les alevins filer vers la rive. Mais tous ces ébrouements assez pitoyables, ces marches douloureuses sur les galets glissants et frais, puis craquelés de terre et brûlants, en remontant vers le platane, ne semblaient programmés que pour donner son prix au verre de menthe à l'eau. Le bord de la Garonne sentait la menthe sauvage, et j'y buvais la menthe Cusenier. La ration de sirop était assez généreuse, et quelques volutes foncées dérivaient au fond du verre. En haut, le vert plus léger prenait au soleil la couleur parfaite de l'été immobile. Menthe à l'eau ! Toutes les soifs d'été gardent pour moi ce dégradé de verts montant des profondeurs troublantes de l'eau sombre vers la lumière étale, la sérénité, dans la fatigue conciliante du plaisir-terreur accompli.

Et je suis devenu Folco

« L'eau chantante du Rhône les berçait doucement. La belle eau les emportait tous deux dans le courant du grand fleuve, jusqu'à une île merveilleuse où les enfants et les chevaux sont toujours des amis. » Les deux dernières phrases du *Crin-Blanc* de René Guillot. J'ai refermé le livre et j'ai dû m'endormir un peu sur les genoux de ma mère. Ce n'était pas la belle eau du Rhône qui me berçait, mais le ta-da-tamam-ta-da-tamam du train qui m'emmenait de Paris vers Montélimar. Après, il y aurait un car pour Dieulefit, et ce serait déjà la nuit. Montélimar, Dieulefit. Des noms qui ne me disaient rien et encerclaient pourtant tout l'avenir. Un inconnu redoutable dont on me disait qu'il ne fallait surtout pas le craindre : là-bas on me soignerait, et puis ça ne durerait pas longtemps, quelques mois tout au plus. La voix de ceux qui m'ai-

maient me disait ça, mais sous le propos rassu-
rant, il y avait des inflexions mélancoliques —,
tristesse de ce départ, de cette absence. J'avais
sept ans. Le jour de Noël, j'avais cru mourir
de cette infection bronchique qui m'étouffait.
À Dieulefit, on pouvait en guérir. Et puis,
pour le voyage, ma mère m'avait offert *Crin-
Blanc*. J'aimais la collection « Idéal-Biblio-
thèque », la jaquette un peu pâle, en pleine
page cette image du grand cheval blanc
affolé, crinière déployée, poursuivi par des
gardians agitant leur lasso. Le rabat soulevé
révélait la présentation anonyme de la collection : une couverture rigide losangée de vert,
piquée d'étoiles dorées. Double promesse de
plaisir : une collection de prestige, dont je
possédais seulement quelques titres, à côté
des volumes plus ordinaires de la Bibliothèque verte, et un roman dont je ne connais-
sais pas même l'existence, le titre *Crin-Blanc*
restant seulement attaché dans mon esprit à
ce film en noir et blanc qui m'avait certes fait
battre le cœur, mais s'était déroulé bien trop
vite, et m'avait laissé dans un état de tristesse
frustrante, que rien ne pouvait prolonger.

Cette fois, rien qu'en feuilletant les pages,
sans trop m'attarder sur les illustrations de
Jean Reschofsky — il fallait en garder la vraie
dégustation pour le moment de la lecture,

pour l'instant mérité où elles s'offriraient comme une juste récompense — j'avais le sentiment de posséder vraiment l'aventure de Crin-Blanc, de Folco, de devenir moi-même ce monde extraordinaire dont le défilement cinématographique m'avait donné un désir fiévreux et déçu. Le train m'emmenait vers Dieulefit. Comment mieux l'oublier qu'en m'incarnant dans ce personnage de Folco dont j'enviais la sauvagerie, la minceur, l'élégance que lui conférait sa pauvreté rebelle, vêtements déchirés, peau basanée, longue mèche de cheveux fous couvrant ses yeux ? Je me sentais si lourd, si gourd, à côté de Folco. Mais le rêve de Crin-Blanc m'emmenait, dans les reflets trompeurs des étangs de Camargue. On m'avait dit que mon prénom signifiait « celui qui aime les chevaux ». Je n'en fus jamais autant digne que durant ces quelques heures où je dévorai le livre de René Guillot. Car rien ne rend plus digne des livres aimés qu'une longue tristesse au fond de soi, un grand désir d'oubli que les mots font semblant d'entraîner sur d'autres pistes. J'ai lu *Crin-Blanc*. J'avais sept ans. Je me suis endormi sur les genoux de ma mère, et Folco s'est enseveli dans le grand fleuve.

Transparence

On les utilise pour des yaourts à l'ancienne. Nature, caramel, citron, café. Des goûts discrets, pas trop sucrés, une consistance homogène — la cuillère ne se noie pas dans une pulpe indécise ; elle découpe des volumes nets, petits morceaux de banquise arrondis. Des pots en verre : cela pourrait paraître anachronique à l'époque du tout jeté, du tout plastique. Autrefois, les pots étaient plus larges, et caramel, citron, café ne sont venus qu'après, dans des cylindres cartonneux dont on grattait l'enveloppe de paraffine avec la pointe du couteau.

Non, c'est autre chose. Un plaisir moins lié à la saveur du produit consommé qu'au maniement du contenant ; le tintement de la cuillère fait chanter la paroi. Ah oui ! ce bruit à la fois clair et un peu mat. C'était le samedi après-midi souvent, après les choses

33

sérieuses : lecture, calcul, histoire. Au cours moyen, la semaine se terminait par l'heure de dessin. On se rendait par petits groupes au robinet dans le couloir, on posait le pot de yaourt rempli d'eau sur le pupitre, à côté de l'encrier de porcelaine encastré. Le sujet n'était pas très emballant : un vase de fleurs posé sur le bureau de l'instituteur, ou bien la maison de vos rêves — on ne dessinait pas vraiment la maison de ses rêves, mais celle qu'on savait peindre, avec des meulières faciles à reproduire. Le moment subtil, c'était celui où l'on trempait la première fois le pinceau dans l'eau. Le pot se nuançait paresseusement de nuages cerise ou fumée. Bientôt, tout cela se troublait, devenait glauque, opaque. Mais le pot de yaourt empli d'eau ne semblait vivre que pour ces quelques secondes alanguies de la première couleur diluée. Elle est présente encore, évanescente, dans la texture compacte du Danone à l'ancienne. Une invisible volute arachnéenne cerisée dérive quelque part dans le yaourt au naturel.

Nouveau Sempé

On a déjà lu la légende en feuilletant le livre dans la librairie, juste après la découverte : « Tiens, un nouveau Sempé ! » On ne feuillette pas un nouveau Sempé comme un autre bouquin. On sent qu'un sourire monte aux lèvres, non seulement parce que c'est drôle mais surtout parce qu'on se sent bien, tout de suite, et il y a comme un nuage familier qui s'installe. On abandonne la foule autour de soi, tous ces gens qui nous bousculent et nous énervent, surtout ceux qui s'en prennent à la pile des albums de Sempé, tous ces gens insupportables qui nous ressemblent beaucoup trop. On les sent glisser loin, tout à coup, on les oublie pour une autre foule, la foule de Sempé. Dans cette foule-là, tous les snobismes, toutes les contradictions, toutes les vanités, tous les ressentiments ne sont pas montrés du doigt, étiquetés : ils sont dans la mélancolie. Les épaules tombantes, les héros de Sempé laissent glisser le poids des jours sur eux, si peu différents dans la seule chose qui les fasse exister : leur différence. C'est peut-être à cause de la rumeur aussi : dans tous les dessins de la ville, chez Sempé, la rumeur est presque palpable, mais elle est devenue du silence.

Debout, on lit trois ou quatre légendes, pas plus. Celle du type qui dit : « Si je mourais, est-ce que ma famille, mon entourage auraient besoin d'un suivi psychologique ? » est très drôle, terrible. On ne veut pas en savoir davantage. Il faut glisser l'album sous son bras et le reprendre le soir, beaucoup plus tard, dans un vieux fauteuil, vraiment tout seul. Donc, arrivé à la page 10, on connaît déjà la légende, et pendant un moment on ne la relit pas. C'est bon de se dire que le dessin n'a pas été fait pour ça, pour une idée. C'est incroyablement Paris ce restau de midi, le gars qui allume son cigare les yeux baissés, comme s'il était dans la routine, alors qu'on sent bien qu'il entre dans la jubilation ; celui qui se laisse enfiler son manteau, la cigarette au bec, et le geste de la serveuse serait d'une obséquiosité gênante si l'on n'imaginait pas une ou deux phrases rituelles entre eux ; la scène trop écrite à l'avance du garçon qui fait goûter le vin, moitié débonnaire et moitié déférent. C'est exactement ça, l'équilibre entre les comportements humains et le poids des meubles et des objets, mine de rien : la petite frise en haut de la banquette, les fromages sur la desserte, le sel et la moutarde, les saluts en passant. Et puis la veste et la cravate noires qui désignent le faux héros, celui qui parle de sa mort, alors c'est ridicule, car tout le monde y pense en gris léger, en lisant le journal, en goûtant le bordeaux, en fumant le cigare.

Un luxe suisse

Le pain et le beurre avec du chocolat,
quand le chocolat et le beurre fondent juste
un peu. Mais il y a mieux encore : la petite
tablette de chocolat au lait vendue dans les
boulangeries sous son emballage mauve pâle.
Il y en a des jaunes aussi. Elles ont un petit
côté cuisine pâtissière, France des années cinquante. Le mauve pâle, c'est autre chose :
sous cette couleur de porcelaine se cache un
plaisir raffiné. Le comble est d'acheter un
petit pain juste à la taille de la tablette. La
vache Milka Suchard évoque une douceur
suisse à dominante laitière. On est loin des
plaques de chocolat noir où la surenchère se
joue en chiffres impressionnants : 73 % de
cacao, 75 %..., dans un despotisme du goût
pur, vrai. Qu'importe, si la petite barre de
chocolat au lait ne plaît pas aux papilles
adultes amères, sa suavité d'enfance en est

multipliée. Et puis, le mauve de l'emballage n'est pas si douceâtre, à y regarder de plus près. Le paysage helvète y déploie une monochromie de presque orage, et un éclair d'acier vient le traverser quand on le décachette en atteignant la couche de papier métallisé.

C'est un goûter de luxe, sûrement pas pour tous les jours. La place même des tablettes, en retrait sur l'étagère de la boulangerie, loin de l'opulence des pains au chocolat double barre, de l'obscénité sucreuse des pains aux raisins pantelants, atteste cette espèce de jansénisme du conditionnement milkardien. Il faudra déplier, faire glisser, inciser finement le petit pain sur le côté. Quant au papier lui-même, on se gardera de le rouler en boule avant de le jeter. Une nécessité morale oblige à le lisser du bout de l'ongle, à le glisser dans une poche. La fin d'un luxe suisse.

Une présence

On se sent bien quelque part, et on ne sait pas trop pourquoi. Plus que bien. Il y a quelque chose à la fois de doux et d'étrange, la sensation de revivre des sensations familières. Pourtant, on n'est jamais venu avant dans les Ardennes. La boucle de la Meuse à Monthermé, c'est encore du tourisme classique, l'impression de suivre les pages du guide en découvrant le rocher des quatre fils Aymon. On a une location trop aseptisée pas loin de là, rien que de très banal. Et puis, un jour de longue balade à pied le long de la falaise qui domine la Meuse, on se perd plusieurs fois, on a chaud, faim et soif, et l'on découvre tout à coup la terrasse d'un café sous un grand arbre — peut-être un marronnier... Les chaises sont toutes déglinguées, les petites tables rondes bosselées ont gardé l'eau de la dernière averse. C'est sans doute fermé, abandonné. Mais non. On peut voir un menu sur la porte, un peu plus loin. On entre. Une femme à l'âge indéterminé tricote dans un coin. On lui demande si l'on peut prendre un pot sur la terrasse, et son oui ne s'accompagne d'aucune velléité participative. On comprend à demi-mot qu'il faut prendre les choses en main.

On peut utiliser ça pour essuyer la table ? Oui, oui, bien sûr. Il y a de la bière à la pression ? Non, en bouteilles seulement.

— Alors deux bières, s'il vous plaît.

Et la femme se lève lentement, pose deux cannettes et un ouvre-bouteille sur le comptoir, près d'un plateau. Voilà. Il fallait le savoir, mais ce cérémonial semble maintenant d'évidence.

On va s'installer dehors avec un petit sourire. D'autres marcheurs arrivent à présent, ont les mêmes hésitations, puis les mêmes initiatives. Ces déambulations quasi domestiques donnent à l'instant de la dégustation un charme singulier. On n'est pas tout à fait dans un endroit public, on se sent juste toléré, un peu en fraude. Le soleil pleut entre les branches. Il fait bon.

— Tu as vu, ils doivent faire restaurant.

On a encore quelques doutes, vite dissipés par une nouvelle visite au comptoir où l'on ira se servir soi-même le steak-frites-salade — vous comprenez, je suis toute seule aujourd'hui pour la cuisine et le service. On comprend. Au moment du café, on a gardé ce sourire qu'on pense dû à l'originalité de l'accueil, à la précarité de l'installation, au plaisir de boire et de manger dans un contexte inespéré. Mais il y a plus que cela dans l'ombre et le soleil, la menace de guêpes pas trop agressives bourdonnant autour des verres Pelforth. Bien après le café on reste là, sans rien dire, sans rien faire, comme si quelque chose était à prolonger, à retrouver. On finit par s'en aller en devinant que ce sera fermé le jour où l'on aura prévu de revenir.

On quitte les Ardennes, une semaine agréable, sans plus, oui, la route vers Dinant était belle, on a trouvé quelques cèpes dans la forêt, mais il a plu souvent.

Le temps passe. On a oublié depuis longtemps la terrasse. Et puis, un jour, on lit le volume à la couverture potiron des *Entretiens* de Julien Gracq. Et voilà qu'il parle d'*Un balcon en forêt*, du site de Monthermé qui lui a plus ou moins servi de modèle. Il évoque aussi une terrasse de café, précise qu'il y a placé pour le plaisir un châtaignier qui ne devait pas y être, l'arbre étant trop fragile pour l'âpreté du climat. Est-ce la même terrasse ? L'avait-on absorbée en lisant *Un balcon en forêt* ? Rien de sûr. Et pourtant... Le souvenir de ce bien-être, de cette allégresse à boire une bière sur une table bancale, une chaise délabrée. Ce soleil comme un presque message et la poussière qui dansait. Il y avait des ondes, une présence.

La barbe à papa

C'est le genre de choses qu'on s'étonne de voir exister encore. En même temps, on ne peut pas dire que ça rappelle des souvenirs : on n'en achetait pas, quand on était enfant. On préférait garder son argent pour les tours de manège, puis d'autos tamponneuses, même pour un carton au stand de tir. La barbe à papa, c'était comme la masse de guimauve qui pendouille — et juste quand elle va s'écraser sur le comptoir, mine de rien, le vendeur s'approche et la raccroche, histoire d'être tranquille une minute. À la baraque des confiseries, on s'arrêtait pour regarder, ça sentait surtout la gaufre et la friture des beignets. Il y avait aussi des pommes d'amour. Ça, on essayait juste une fois : ce rouge grenadine un peu brillant autour de la pomme faisait vraiment envie, mais après avoir cassé du bout des dents l'enveloppe de sucre, on

45

était plutôt déçu de sentir l'acidité d'une vraie pomme, sans plus ; on avait l'impression de se faire avoir, de croquer à l'ordinaire, un peu embarrassé par les éclats rougeoyants durs qui ne paraissaient plus du tout magiques, et empêchaient juste de manger normalement une pomme tristement banale. Sur un coin du comptoir, on regardait la petite soufflerie qui vaporisait la barbe à papa. Le vendeur tenait le bâtonnet tout en bas, avec une espèce de déférence pour ce mystère programmé d'enrobage outrancier, de gonflement sans fin. La barbe à papa, ça se vendait avec une espèce de générosité bizarre : il y en avait toujours trop.

Et puis voilà, on accompagne des enfants dans une fête foraine, on passe beaucoup de temps devant les manèges et, tout d'un coup, on se dit : une barbe à papa, pourquoi pas ? On n'a pas vraiment besoin d'alibi, mais ça semble bien venu dans la scène, car celui qui regarde le manège peut tenir dans la main une barbe à papa. On sourit pour la couleur — au choix rose Barbie, mauve vieille dame permanentée, vert ventre de grenouille en peluche. Il y a des gens qui esquissent un petit sourire en vous regardant, mais ça n'est pas gênant, on l'a même fait un peu pour ça.

La barbe à papa, ça ne se mange pas,

d'abord. Ça se mordille dans la partie la plus rebondie, et le début n'est pas désagréable, quelques petits bouts de neige picorés. Mais, bien vite, ça se gâte. Il faut attaquer le corps du délit, tenter d'arracher des lambeaux. Alors l'essence sucreuse et filandreuse de la matière se révèle, ça n'en finit pas de s'accrocher aux lèvres, aux joues, on se sent envahi. Le bâtonnet devient poisseux, on mange juste ce qu'il faut pour ne pas être ridicule. Puis on baisse la garde, on cache de son mieux le manchon adipeux au bout d'une main négligente — déjà on fomente l'espoir de s'en débarrasser —, et c'est de l'autre bras qu'on salue l'enfant du manège. Au moins, les pommes d'amour, ça sent la pomme.

La lecture et l'anorexie

La Chartreuse de Parme, Le Vicomte de Brage-lonne, Monsieur de Camors, le Vicaire de Wake-field, La Chronique de Charles IX, La Terre, Lorenzaccio, Les Misérables... Voici quelques-uns des aliments dont se nourrit Juliette, la « sœur aux longs cheveux » de Colette. C'est un texte étrange qu'a écrit là l'auteur de *La Maison de Claudine*. Comme si, parmi les sources vives de l'enfance, la fraîcheur de l'aube donnée en récompense, la sensualité des sources, des glycines, de l'abricot mûri sur espaliers, il fallait qu'il y eût aussi un lieu clos, une prison de fièvre. La chambre de Juliette.

« J'avais douze ans, le langage et la manière d'un garçon intelligent, un peu bourru, mais la dégaine n'était pas garçonnière, à cause d'un corps déjà façonné fémininement, et surtout de deux longues tresses. » Ainsi se

49

définit Colette sur le seuil de cette chambre à la fois familière et lointaine. Cette phrase n'est pas sans équivoque. L'auteur y revendique d'emblée virilité et féminité mêlées. À l'âge où il faut choisir, elle aime trop la vie pour séparer. Si le début de la phrase marque sa singularité de sauvageonne, la fin, par chevelure longue interposée, fait de Juliette un double.

Qu'est-ce que Juliette ? Une enveloppe terrestre féminine qui se consume dans les livres, jusqu'à la folie. Elle ne dort plus, ne mange plus, laisse refroidir indéfiniment la tasse de chocolat que Sido lui a préparée. À la fin, elle passe de l'autre côté du miroir, confond ses proches avec ses auteurs préférés qui viennent lui rendre visite dans son délire. Comment ne pas penser que la jeune Sidonie Gabrielle Colette a dû être horrifiée autant qu'attirée par cette chambre absolue de lecture où Juliette s'est enfermée ? On dévore les livres, ou bien les livres vous dévorent. C'est une drogue effrayante et douce, un séduisant voyage. Colette l'a connu de trop près pour ne pas se sentir tentée. Une autre force en elle a donné sa réponse. On peut aussi manger la vie. Alors plus tard, peut-être, on en fera des livres.

L'écriture et l'anorexie

Il y a les asperges de Mme Imbert, le bœuf en gelée de Françoise, les cerises de Swann, les petits-fours de Mme Sazerat, toute une sensualité rituelle et feutrée de la nourriture. Il y a, plus encore, dans *La Recherche*, des transmutations sidérantes : l'une des deux chambres de la tante Léonie, avec son prie-Dieu, ses fauteuils de velours frappé, devient, sous le regard du narrateur, aux matinées pascales, un succulent gâteau : « Le feu cuisant comme une pâte les appétissantes odeurs dont l'air de la chambre était tout grumeleux et qu'avait déjà fait travailler et "lever" la fraîcheur humide et ensoleillée du matin, il les dorait, les godait, les boursouflait, en faisait un invisible et palpable gâteau provincial, un immense "chausson"... »

Celui qui écrit tout cela se laisse mourir de faim. Après avoir si longtemps porté le remords de ne pas savoir transformer son temps perdu en œuvre, c'est à nous qu'il transmet le remords : le bœuf en gelée, les asperges, la lumière de la chambre, nous les goûtons seulement parce que Proust ne mange plus rien. C'est vrai, littéralement, pour les derniers mois de sa vie, et nous restons incrédules à lire le témoignage de Céleste : « Non seulement il ne mangeait plus rien depuis longtemps, mais il lui arrivait même de ne plus prendre son café. J'essayais de le convaincre de boire au moins du lait très chaud, pour se soutenir et pour lutter contre le froid de la chambre. La plupart du temps, il ne le buvait pas. » Mais dès le début de la véritable écriture, les habitudes alimentaires de l'auteur deviennent en fait un abandon progressif de l'alimentation, où la déperdition semble avoir été calculée avec une précision homéopathique pour lui permettre d'aller jusqu'au bout, d'appeler un matin Céleste et de lui dire : « J'ai mis le mot fin. » Proust garde-t-il juste assez de forces pour continuer à écrire ? Ou au contraire est-ce le fait de renoncer à la nourriture qui lui donne l'énergie littéraire, jusqu'à l'ascèse finale ? Son long suicide est sa naissance... Et nous mangeons comme un chausson, très blond, très chaud, tous les velours passés de Léonie.

Hopper sucré

Le fast-food est un plaisir pervers. Une jouissance intellectuelle d'abord : la volupté de se vautrer dans le politiquement incorrect. Bien sûr, les sensations doivent s'émousser quand on les pratique comme le fast-food semble vous l'imposer : vite, souvent, distraitement. Mais, pour qui ne s'y rend pas même une fois l'an, le pouvoir du conditionnement reste intact.

Car c'est de cela qu'il s'agit. Les choses ne sont pas les choses. Quoi de commun entre le Coca domestique, gâcheusement livré dans sa bouteille de plastique trop molle, trop dure, et le Coca du fast-food ? Ce dernier change déjà d'essence en fonction de sa taille : grand Coca, Coca normal ? Serez-vous un sybarite ou un janséniste du Coca fast-foodien ? Profusion ou tolérance ne seront assumées qu'après une délibération qui en feront tout le prix. Mais quelle que soit sa taille, le gobe-let aura la même forme, les mêmes couleurs chaudes. Un couvercle vous empêchera de contempler son contenu. Cela pourrait paraître despotique, mais c'est tout le contraire : ce Coca invisible devient l'essence d'une boisson rare ; on boit l'idée du Coca, non sa matéria-lité commune. Au centre du couvercle, un chalumeau coudé s'enfonce sans résistance et fait donc du Coca une boisson festive, non pas à boire mais à siroter. Le meilleur est peut-être cependant dans l'entrechoquement des glaçons que l'on entend sans les voir en déplaçant le gobelet : une banquise de fraî-cheur se glisse en apnée dans les zones les plus insondables de votre soif secrète.

Même chose pour les frites. On peut en aimer la consistance légère, la taille fine, la couleur pâle. Mais on ne saurait les juger en toute objectivité lorsqu'elles sont servies dans une espèce d'étui à cigarettes qui en trans-forme la nature : ce ne sont plus des frites, mais des blondes à fumer.

Passons sur les coulis douceâtres de ket-chup ourlant le pain déjà sucré du hambur-ger. Sucré : au fast-food, on renonce d'em-blée à toutes les connotations péjoratives que les adultes donnent à cet adjectif. Même le strawberry-sundae sera consommé dans une béatitude nuageuse que la chantilly aseptisée, l'incertain parfum de la glace ne sauraient entamer. Car il flotte sous les lampes une atmosphère à la Hopper que le dépouillement du mobilier vient confirmer. Au fast-food, c'est bon d'être un passager solitaire de la ville qui fait semblant de manger pour manger. Rien ne dépasse du plateau, de l'invisible Coca, du hamburger sous coque de plastique, de l'étui de frites-cigarettes. Et puis, le code vous impose de porter un jugement sévère sur tout cela qui vous enchante. C'est là que le plaisir devient pervers. C'est l'Amérique.

Fontenay-le-Royal

Il y a toujours un foutoir en mouvement chez les écrivains. Livres lus, livres à lire, manuscrits reçus, manuscrits terminés, manuscrits à reprendre, dossiers de presse, articles découpés... Tout cela pourrait être l'objet d'un inflexible rangement. C'est parfois le cas, et cela semble alors d'une tristesse épouvantable, comme si l'homme des livres se chargeait de connotations mortifères en classant froid, à la manière d'un notaire ou d'un huissier. Le lecteur au contraire aime bien l'idée de s'immiscer, de se lover dans un de ces terriers vivants où le papier s'empile avec cette apparente désinvolture qui n'est que l'envers d'un désir maniaque de préservation.

Le bonheur absolu, la terre d'élection, c'est l'univers de Léautaud. Quelques reportages tardifs, photos de Doisneau et de quelques autres prises au début des années cinquante, quand le solitaire de Fontenay atteignit une notoriété brutale à la suite de ses entretiens radiophoniques avec Robert Mallet, restent en arrière-plan dans les consciences, au moment de saisir l'un des volumes du *Journal littéraire* — une vingtaine autrefois, trois désormais. On peut aimer lire des journaux intimes, se surprendre à regarder le monde avec l'acerbe ironie de Jules Renard, l'énigmatique pointillisme de Stendhal. Mais Léautaud, c'est autre chose. On devient Léautaud. Non pas qu'il s'agisse d'une image flatteuse ; si la liberté séduit, c'est plutôt l'abondance des contradictions qui rapproche, et aide à absorber. La rêverie morbide aussi. Et puis demeure une part de mystère irréductible. Le style de Léautaud, c'est celui du journal, de la vie transmise et partagée. Alors, bien sûr, on s'exaspère avec l'auteur du *Petit Ami* de ce folklore auquel on voulait le réduire : porteur de sacs de croûtes pour les chats, de vêtements de clochard aristocrate, d'une réputation de bohème-cliché. On est bien hypocrite, car les images restent au fond de soi. Jardin transformé en jungle, tapis mités, bouquins partout éparpillés, et tous ces chats qui semblent autant de métaphores d'un bien-être à se couler dans le décor d'une misère abri, refuge. L'univers de Léautaud, c'est celui de

son écriture, et celui des photos. Le seigneu-
rial laisser-aller d'un monde libertaire où les
bouquins ont eu le dernier mot.

Où est-ce que tu vois ça ?

Quand le serveur distribue les menus, il est de bon ton de saisir le sien avec une politesse assez indifférente, un rapide remerciement qui n'interrompt qu'une fraction de seconde la conversation — il serait dégradant de manifester par son attitude qu'on est là avant tout pour manger. Mais, quelles que soient les stratégies dilatoires ou la passion réelle pour les sujets enfourchés — nous n'avons pas encore choisi, non, pas d'apéritifs, merci —, il y a bien cet instant où la convivialité fait place à un silence d'autant plus profond qu'il a été savamment différé ; le parallélisme des officiants dans l'ouverture du menu a des solennités presque mystiques. Certes, le scénario propose des nuances non négligeables selon qu'il s'agit d'un repas d'affaires ou d'une invitation amicale ; dans ce dernier cas, l'inviteur parcourt toutes les pages de la carte avec une fébrile exhaustivité, tandis que les invités se cramponnent dans un premier temps à l'approbation du menu le plus économique. Mais quelques phrases bien distillées assouplissent les comportements, et, dès lors, suivant le « Moi je prendrais bien une... » ou le « J'hésite entre la... et le... », une question inéluctable se profile :

— Où est-ce que tu vois ça ?

C'est ainsi. On ne voit jamais sur son propre menu ce qui tente les autres. On ne voit jamais sur son propre menu une chose aussi tentante que celle qui tente les autres. Dans son plantureux *Clochemerle*, Gabriel Chevallier érigeait en théorème le fait que la femme du voisin est toujours plus désirable que la sienne. Des conditions peut-être spécifiques à un environnement particulier me contraignent à protester que cette règle souffre certaines exceptions. Mais je demeurerai intransigeant en ce qui concerne l'axiome du restaurant. D'ailleurs, comment nier la concupiscence des regards obliques, quand on apporte aux tables voisines les plats que l'on n'a pas choisis ? Mais plus étonnant encore est cet aveuglement sincère, apparemment virtuel et néanmoins patent qui vous saisit à la lecture des festivités possibles. Car c'est l'envie des autres qu'on envie.

Nuage à la salade de pommes de terre

Une délectation particulière attend ceux qui ne connaissent pas encore Alain de Botton. Ils sont nombreux, tant mieux pour eux. Saluons au passage les mérites de l'édition française qui a déjà publié, et même en poche, six livres, traduits de l'anglais, d'un auteur de trente-cinq ans, et ce bien que les premiers n'aient pas connu des ventes mirobolantes ; nos voisins anglo-saxons pourraient en prendre de la graine.

Botton, c'est un grand souffle frais d'intelligence, un bonheur pur. Bien sûr, je fus attiré d'abord par un certain opus intitulé *Comment Proust peut changer votre vie*. Mais tous les autres titres lus depuis permettent d'interroger un autre phénomène : comment Botton peut changer votre vie. Oui, changer votre vie, vous permettre par exemple de pénétrer, quel que soit votre âge, les problématiques amoureuses les plus modernes. Si vous appréciez à la fois la mélancolie analytique de Stefan Zweig et l'humour déjanté de Jerome K. Jerome ou de Peter Benchley, et que vous ne les pensez pas conciliables : lisez Botton. Vous aurez de plus le sentiment éminemment rajeunissant d'être contemporain du monde où vous faites semblant de vivre. Les compagnons de Botton sont souvent très anciens : Huysmans, Alexander von Humboldt, et même Diogène et Platon. Mais tous ces invités ne pèsent d'aucune austérité pontifiante. Le jeune auteur anglais leur fait manger de la soupe en boîte Campbell's, et les accueille aux terrasses de Soho.

Je n'ai jamais pris l'avion. Pas la peine. Botton me l'a fait prendre, j'en connais le meilleur : « Personne ne trouve remarquable que, quelque part au-dessus d'un océan, nous soyons passés à côté d'une énorme île en barbe à papa blanche qui aurait fait un siège parfait pour un ange, ou même pour Dieu lui-même, dans un tableau de Piero della Francesca... De la nourriture, qui, mangée dans une cuisine, aurait été banale ou rebutante, devient plus intéressante et savoureuse en présence de nuages (comme une collation de pain et de fromage qui nous enchante quand on la mange au bord d'une falaise battue par les vagues). Grâce au plateau-repas, nous nous familiarisons avec ce lieu peu familier : nous nous approprions le paysage à l'aide d'un petit pain froid et d'une barquette de salade de pommes de terre. »

C'est bon, de décoller avec l'auteur de *L'Art du voyage*. Aucun risque à l'atterrissage. À chaque page, un vrai regard.

Foire aux harengs

Foirauaran : quatre syllabes gutturales indissociées roulant au fond du gosier normand. La bouche s'ouvre à peine, soucieuse de ne pas offrir de prise à la bourrasque de novembre qui précipite les déferlements d'un ciel à la Ruysdael. On est loin de l'oignon, des ronds de carotte ou de l'odeur du four. À Lieurey, le hareng, c'est du vif. Même au plus fort des terres, on le fête en loup de mer, accoudé à l'espace, on fait front au grand large. Les silhouettes penchées, la main posée sur la casquette, se croisent avec ce coup d'œil complice que donnent à la fois l'adversité partagée et la récompense prochaine d'un café-calva mérité. Plus le temps est épouvantable et plus on le mérite. Il y a ainsi des pays de cocagne où le climat fait ce qu'il faut pour mériter souvent.

À dix heures du matin, il fait encore nuit. Stoïques, les commerçants lancent leur boniment en tenant d'une main la frêle armature de leur étal menacé par les rafales. Quelques notes d'accordéon volent au gré des courants d'air. L'heure n'est pourtant pas au rire des guinguettes, mais Maît' Firmin avec sa blouse bleue, son pantalon bayadère, son fichu rouge, déambule fièrement, piano à bretelles déployé, sourire imperturbable aux lèvres.

Derrière lui, on s'active ferme dans les bacs de harengs. Du tablier en ciré jaune au pompon rouge des bérets, les connotations maritimes donnent au vendeur un air salé qui rafraîchit le commerce. Chacun d'eux lance à son tour une plaisanterie dont le retour cyclique rappelle que la répétition est l'âme de la pédagogie. Cela fait quand même une belle palette, amplement suffisante pour couvrir le temps de passage d'un chaland :

— Allons-y allons-y, c'est not'unique représentation !

— Un euro l'kilo, les harengs ; j'vous fais les cinq kilos à cinq euros !

Et, sur un air de Trenet destiné aux clientes indifférentes :

— Vous, qui passez sans me voir...

Les mains dans la fraîcheur poisseuse, la tête offerte au vent, il faut bien ce petit courant gouailleur pour réchauffer l'atmosphère... Le reste remonte à quelques siècles,

à l'idée des ribauds, des tire-laine, des men-
diants aveugles et des marchands de fouace.
C'est du Bruegel revisité par Maupassant, un
coin de France sous le ciel flamand.

D'autres livres sont sous la clef

Rien d'innocent dans les journaux, les livres, les albums qu'on laisse en évidence sur la table basse, au milieu du salon. Faut-il surprendre, ou jouer ton sur ton ? Tout dépend bien sûr des visiteurs potentiels. Aux amis proches, à la famille, on se contentera d'épargner le journal de télévision avec une présentatrice en couverture, les mots croisés découpés dans *Paris-Normandie* ; il s'agira plutôt d'un rangement, même s'il n'est pas indifférent d'abandonner en évidence le dernier *Géo* spécial Bruges, le pavé imposant sur l'art de vivre à Rome, dont le format presque carré, la couverture brun et crème viendront à point infuser l'Italie au creux des tasses de café. Mais c'est pour tous les autres, les amis plus lointains, les quasi inconnus, que l'on distille, qu'on soupèse.

Car l'équilibre est homéopathique. Quelle

image de soi faut-il donner sur table basse ? Sûrement pas livrer ce numéro des *Inrockuptibles* — il s'agit de rester crédible. Tatasse d'afficher les promenades de Marcel Proust si l'on vous sait passionné de cet auteur. Pas trop soi-même, et pas trop différent : c'est là que réside l'enjeu. Une légère touche d'érotisme peut sembler bienvenue, si elle est sublimée — un album de Delvaux, de Leonor Fini. Les photos d'Helmut Newton seront plus risquées, sauf si le bouquin est vendu au bénéfice d'une œuvre philanthropique. N'essayez pas Bacon si tout en vous transpire Vallotton. Sempé plaira à tout le monde. Trop : vous n'y mettrez rien de vous-même. Dans les magazines de décoration, on voit toujours empilés sur les tables basses... des magazines de décoration. Cette composition en abyme est tentante avec des *Côté Est* — une part de soi neigeuse, pragoise, informulée. Les *Côté Ouest* à bayadère-bourgeoisie-catho seront plus réducteurs. Il y a les livres, évidemment, ou plutôt leur maquette. Pourquoi, parmi les papiers vergés, le bleu ciel du Mercure résiste-t-il mieux au temps que le jaune paille de Grasset ? Et puis : faut-il aligner des piles parfaites ou privilégier une touche infime de désordre (juste un volume de guingois) ?

Tout cela tient à parts inégales de l'hypocrisie sociale et de la construction mentale. C'est une mèche replacée, après un coup d'œil au miroir. Peu de duplicité, au fond, si l'on veut bien se comparer à l'Onuphre de La Bruyère : « Il y a quelques livres répandus dans sa chambre, indifféremment ; ouvrez-les : c'est *Le Combat spirituel, Le Chrétien intérieur,* et *L'Année sainte* ; d'autres livres sont sous la clef. »

À chaque temps sa table basse.

Le vrai musée Balzac

C'est à deux pas de mon collège. Entre deux cours, je vais parfois y faire un tour, m'asseoir dans l'herbe à la belle saison, contre le mur du cimetière. Chaque fois, cette sensation de déclencher un monologue intérieur venu d'un autre siècle. Avec des variantes, cela ressemble à quelque chose comme ça : pour le voyageur qui s'avance sur la promenade des Monts, la coquette cité de Bernay, nonchalamment offerte aux regards dans sa cuvette de verdure, apparaît comme le modèle d'une sérénité provinciale où l'équilibre et l'harmonie ont pris le rose de la tuile et le gris de l'ardoise. Mais qu'il ose s'aventurer sur un de ces sentiers pentus qui mènent au bord du Cosnier, entre d'humbles chaumières à colombages pourvues de jardinets escarpés ; bientôt il percevra le halètement sourd de puissantes machines...

C'est comme du Balzac. Le début d'un roman. Ce qui se passe après ? L'âpreté des convoitises humaines vite opposée à la paix de la campagne. Une espèce de Grandet normand abandonnant ses vaches pour se lancer dans le développement sans scrupule d'un empire industriel fondé sur l'imprimerie. De hauts murs de brique rognant sur les prés, une épouse apeurée, une fille boudeuse et fière pratiquant, sans la moindre once de talent, l'aquarelle et le piano, répudiant son amoureux sincère pour tomber dans les bras d'une petite crapule qui les mettra tous sur la paille ; toujours la même chose, d'une fastidieuse cruauté.

Non, ce qui me plaît, c'est le début, l'idée que le paysage d'aujourd'hui, ses lignes, ses perspectives, l'église Sainte-Croix, le cours de la Charentonne, du Cosnier, naissent avec le regard, la syntaxe du buveur de café. Bernay n'est pas Illiers-Combray, ni Épineuil-le-Fleuriel Sainte-Agathe : pas de Grand Meaulnes, pas de Swann, pas la moindre trace de réalité sublimée. Mais l'évidence est plus prégnante encore de tout ce qui revient à Balzac, promenade des Monts. Le vrai musée des écrivains respire à ciel ouvert, dans tant de lieux qu'ils ignoraient mais qu'ils nous ont laissés.

Mousseux tiède

— Quel est votre champagne préféré ?

On m'a posé la question. Elle m'a troublé comme si je flottais tout à coup dans une réalité bizarre où le journaliste se trompait d'interviewé. Ai-je la tête de quelqu'un qui a un champagne préféré ? J'ai dû sourire, écarter le sujet. Puis le temps a passé. Des mois après je trouve la réponse. Oui, j'ai un champagne préféré... Enfin, champagne...

C'est dans le train qui vient de quitter Rome, vers huit heures du soir, au mois d'avril. D'une semaine de séjour, je garde surtout l'odeur, la couleur des glycines sur les palais orangés, le vert profond des cyprès, des palmiers, cette impression de sud entre deux averses, deux Pakistanais qui brandissent une poignée de parapluies. La nuit va tomber bientôt. Le train longe la mer si lentement. Un employé s'arrête à chaque cabine, on l'en-

77

tend frapper aux portes fermées, saluer avec une politesse mécanique. Contrôle des billets ? Non. Sur un petit plateau il a posé des verres en plastique et propose un peu d'asti spumante. L'asti n'est pas très frais ni parfumé, on se demande s'il ne s'agit pas d'un vulgaire mousseux. Le gobelet au quart rempli craque sous les doigts. Mais peu importe. Assis près de la fenête sur la banquette étroite, je regarde la mer s'éteindre dans la nuit. Près de moi, ceux que j'aime. Dans trois chiches gorgées défilent une terrasse du Trastevere, le silence du cimetière anglais, un coin près d'une vasque où je me suis assis longtemps, au Jardin botanique. C'est mon champagne préféré.

Le faux musée Balzac

On vous en parle avec un feint étonnement, suivi d'une gourmandise appuyée. Non, vous ne connaissez pas ? Un endroit dé-li-cieux. Et puis il y a quelque chose... Une **atmosphère** ! Souvent, ce sont les mêmes personnes qui aiment faire la queue des heures pour l'exposition qu'il faut absolument avoir vue et qui vous vantent le musée où personne ne va. L'accroche finale est toujours similaire, en référence avec la finesse de votre sensibilité : je suis sûr(e) que vous adoreriez ça.

C'est ainsi qu'on se retrouve un matin de septembre au musée Gustave Moreau. Tellement seul qu'on se sent confus de solliciter un encadrement protocolaire, l'employé qui vous vend votre billet, et, à l'étage, la gardienne de salle. Une telle intimité semblerait devoir déboucher sur une relation humaine privilégiée. On fait coulisser à l'oblique les

79

panneaux didactiques sur le peintre symbo-
liste, quand, tout à coup, une voix aimable
vocifère dans votre dos :

— Quand on déplace les choses, on pourrait les remettre !

À quoi bon bafouiller qu'on n'avait pas com-
pris les usages, à quoi bon s'insurger ? L'hosti-
lité reste latente. Pour se donner une conte-
nance, on traîne encore un peu, puis on s'en
va.

Mais c'est rue Raynouard, anciennement
rue Basse, dans la maison de Balzac, que je
connus mon expérience la plus sidérante. J'y
arrivai avec quelques références croquigno-
lesques, comme ces phrases-mots de passe
qui autorisaient l'accès aux amis de l'écrivain,
et dont l'absence éloignait les créanciers. Au
choix : « La saison des prunes est arrivée » ou
« J'apporte les dentelles de Belgique. » Voilà
ce qu'il fallait susurrer à travers la porte déro-
bée de la rue Berton, étonnante ruelle de
campagne avec son pavage couvert de
mousse, en plein Passy.

La pluie de décembre réfrigérant quelque
peu le charme du petit jardin, je pus errer,
bien seul aussi, dans le bureau où Honoré
rédigea plusieurs romans. Ici, l'importance du
personnel, uniformisé à la fois par sa tenue
bleue réglementaire et des origines indoné-

siennes communes, prenait des proportions baroques. Au milieu de la bibliothèque, dans le seul écho de mes pas sur le plancher, j'entendis naître un dialogue assez savoureux, compte tenu de l'ambiance cérémonieuse des lieux. Assis sur la chaise de repos traditionnelle, aux deux extrémités opposées de la pièce, un gardien et une gardienne échangeaient, sans la moindre gêne à mon égard, des arguments subtils où les mots de pouffiasse et de maquereau alternaient gentiment avec ceux de connard et de salope. Jusque-là, j'avais eu bien du mal à me sentir invité chez Balzac. Et, brutalement, la comédie humaine.

Le livre

Ils ont eu cette idée de le publier en un volume. Ce livre-là. Le livre. Le tenir entier dans ses deux mains, se dire qu'on a là toute la vie plus vraie que la vraie vie.

Un auteur antipathique, enjôleur, faux et caressant. Sa correspondance est un tissu d'afféteries, de calculs, de flatteries, d'horripilantes protestations d'affection. Ses biographies ouvrent souvent des sentiers pitoyables.

Quarante ans à vivre pour rien, qui auraient pu rester quarante années de rien — qui s'en serait plaint ? Et puis, un jour, il est déjà beaucoup trop tard, et seulement parce qu'il est déjà beaucoup trop tard, la clé du monde. Ce livre que l'on peut reprendre à l'infini et qui ne contient rien que tout le rien sauvé, le rien devenu tout. L'univers le plus confiné, le plus démodé, le plus vain, le plus étroit. Ce livre qui dit « nous » avec une insupportable arrogance, mais à quoi bon se rebeller ? Ce nous est vraiment nous, il a payé le prix pour ça.

Il nous tient, et le plaisir est grand de le tenir entre nos mains, de nous dire « Allez, d'une seule traite, dans l'hiver » — ah ! oui, l'hiver est bien pour ça. C'est comme si on décidait. On regarde chaque soir le marque-page s'avancer — un quart, bientôt un tiers. Un quart, un tiers de soi, et puis soi tout entier. Deux mille quatre cent une pages. Presque deux kilos. On les soupèse avec satis-faction. La couverture est une fausse piste délicieuse, avec cette photo en noir et blanc de trois demi-mondaines juchées sur une chaise pour mieux voir passer la course des chevaux. Ça pourrait être trois secrétaires, trois infirmières, trois boulangères. Il y a le monde entier dans les demi-mondaines.

Cerises à l'eau-de-vie

À traverser la vie ensemble, naissent des silences, des disputes rituelles. Les silences sont souvent redoutables, mais les disputes sont meilleures, et presque bonnes quelquefois. Ainsi, pour ce couple âgé qui s'espionne, se chamaille à propos du cerisier. L'arbre a grandi à leur côté. Au fil des ans, il a noyé de son ombre presque tout le potager. Les cerises sont tardives, passent du rouge au noir aux derniers jours de juillet. Lui ne veut pas renoncer à les cueillir, au moins les branches du bas. Elle a peur maintenant. Il est déjà tombé l'année dernière. Alors il sort, l'air détaché, regarde les cerises, mains dans le dos, bien sage. Puis, soudain, c'est plus fort que lui, il empoigne l'échelle double, l'écarte, la cale de son mieux entre deux branches. Mais invariablement, c'est à cet instant que la porte-fenêtre de la cuisine s'ouvre. Elle l'a senti, elle ne s'est pas trompée. Il est prêt à recommencer ses exploits. Que tu es bête, mon Dieu, on peut quand même s'acheter un kilo de cerises ! Il grommelle ou acquiesce, on ne sait pas très bien. Il ne renonce pas à ses cerises. C'est un point rouge de détail mais qui occupe désormais une bonne partie de leurs journées de fin juillet. Bien sûr, ils seraient plus tranquilles s'il renonçait. Plus heureux ? C'est autre chose. Au fond, elle n'est pas mécontente d'avoir à combattre cette envie de cerises. Qu'il y ait cette idée d'une envie, dans leur jardin.

Le mari fait seul le voyage

...Attends-moi, je te suis ; et mon âme,
Aussi bien que la tienne, est prête à s'envoler.

Elle en fait assez, la future immédiate jeune veuve de La Fontaine. Au théâtre, on voit tout de suite le type de comédienne pétulante qui pourrait surjouer cela, le front penché contre le coude en signe d'accablement. Mais la réplique suivante, c'est dans la bouche sarcastique d'un Louis Jouvet qu'on l'entend, après un

Le mari fait seul le voyage.

En un seul vers, on est passé de l'alexandrin ronflant, sûr de sa dialectique enjôleuse et rouée, de sa musique menteuse et parfumée, à l'implacable octosyllabe du procès-verbal. Un huissier noir est entré sur la scène. Il prend juste le temps d'ajuster son lorgnon, entérine les faits, puis il poinçonne.

Au présent, bien sûr, c'est le temps du constat. Quoi que. Ce présent-là a d'autres résonances. Le récit s'en allait sur la cadence familière d'un imparfait qui prenait son ampleur sans rien précipiter :

> *L'époux d'une jeune beauté*
> *Partait pour l'autre monde.*

Noyé dans l'indéfini de ce départ certain mais différé, l'euphémisme « l'autre monde » ne semblait pas si redoutable. Mais l'hypocrisie babillarde de la jeune beauté précipite le drame. Le mari fait seul le voyage. On aimerait penser qu'il s'agit là seulement d'un présent de narration, juste de quoi faire son effet brutal dans un texte au passé. Derrière l'huissier, cependant, on ne peut s'empêcher d'entendre la voix de l'auteur lui-même, invétéré coureur de jupons et comme tel tristement lucide sur les rapports avec le sexe faible. Dès lors, tout change un peu de perspective. Ce présent est aussi de vérité générale, comme la terre est ronde et pierre qui roule n'amasse pas mousse. Le mari fait toujours seul le voyage. Ou la femme. L'huissier, le moraliste sont de mèche. Ils nous font rire jaune avec la vérité.

Choisir une formule

Salle des pas perdus, à Saint-Lazare, une formule à dix euros, boisson comprise. Il y en a largement pour deux. Le garçon le sait : il vous apporte deux couverts en plastique blanc emballés sous cellophane, deux gobelets pour partager la bière. La pizza végétarienne offre une quantité mirobolante de fonds d'artichaut, de gruyère, de tomate. Pourvu qu'ils ne changent pas le pizzaiolo.

Autour, il y a des gens qui ressemblent à tous ces voyageurs entre deux trains. Le temps n'est compté qu'en apparence. La grande horloge avance un peu. On est là trop tôt ou trop tard, on a raté son coup quelque part, et c'est très bon, cette petite défaite partagée. On n'a vraiment rien à faire que regarder passer d'autres passagers chargés comme des bourricots, suant, soufflant. Ils se précipitent vers les quais, espèrent attraper leur train de justesse, grand bien leur fasse. C'est tellement meilleur d'avoir raté le sien, et de devoir attendre trois quarts d'heure.

Il ne fait pas très chaud, la table ronde est bien étroite, le couteau en plastique ne coupe rien ; ils sont quand même un peu gonflés de faire payer les toilettes... Allez donc savoir pourquoi toutes ces microscopiques aspérités de la réalité prennent ici un goût jubilatoire. On est dans le transit résigné, en apparence. Mais cette plage de rien réveille des gris salutaires, des béances passées, une étonnante volupté de côtoiement facile. Il n'y a pas de ciel, mais les moineaux viennent picorer les miettes à vos pieds. En haut des murs, les silhouettes découpées de Caen, Cabourg, Deauville, dans le bistre et l'orange de vitraux poussiéreux, comme les plaques en relief d'un jeu désuet, pour les enfants d'un autre siècle. Il y a même du poivron dans la végétarienne.

Le poète de Carl Spitzweg

Un curieux vieux bonhomme, blotti sur sa paillasse au coin d'une chambre mansardée. Il a son bonnet de nuit, mais le haut de son corps est revêtu d'un costume de ville ; la veste a un coude déchiré. Le reste est engoncé dans une couverture. La tête enfoncée dans un gros oreiller, une plume d'oie glissée entre ses lèvres, il relit ce qu'il vient d'écrire, ses jambes relevées lui servant de lutrin. Sa main droite semble soupeser le rythme des phrases. Au-dessus de sa tête, un parapluie accroché au plafond protège sans doute d'un trou dans la charpente. Tout autour de lui, dans la pièce, des bouquins éparpillés, un encrier penché en équilibre instable, une botte esseulée qui traîne près du poêle. Un torchon sèche sur une ficelle tendue devant l'étroite fenêtre. *Der arme Poet*, de Carl Spitzweg. Le tableau est célèbre. Dans les manuels scolaires, il illustre parfois le poème de Saint-Amant *Le Paresseux*. Paresseux ? Il est en plein travail ! *Der arme Poet*. Le pauvre poète. Ou plutôt le poète pauvre. On sent les coulis d'air glacé qui doivent passer dans la pièce, on croit apercevoir une souris.

Le poète pauvre ? On n'est jamais autant au sec que lorsqu'une fuite du toit menace, jamais autant au chaud que lorsqu'il faut se blottir tout habillé sous les couvertures. On n'est jamais aussi satisfait que lorsqu'on vient de saisir la formule qui dépasse un peu ce qu'on attendait d'un sujet. La position de la main est d'une pure volupté. Le vieux poète a l'index recourbé jusqu'à l'extrémité du pouce, et ce petit carré-cercle enserre avec d'infinies précautions la cadence des mots. Le monde entier peut s'écrouler, rien n'existe plus que cet accord entre le corps d'un vieux bonhomme et son pouvoir si curieusement neuf de dire le monde un peu plus vrai, de trouver les notes qui l'étonnent.

C'est encore meilleur si tout le reste n'est que trivialité, promiscuité devinée de voisins qui s'engueulent, de piaillements, de gloussements, d'écoulements équivoques. Au mur lézardé pend une redingote fatiguée. Tout à l'heure, le vieux poète se lèvera, l'enfilera, descendra faire un tour en ville quand s'allument les becs de gaz. Chaque lampe allumée dans les cafés, les maisons, sera comme une fête dans la nuit d'hiver. Il se répétera les phrases dévoilées qui donnent envie de marcher vite, ou bien de s'arrêter, les mains croisées dans le dos, sourire satisfait aux lèvres. La vie est jeune de ces quelques mots trouvés.

Trompettes de la terre

Même quand on ne va pas aux champi-
gnons dès le début de septembre, on y pense.
Le rapport à la forêt change du tout au tout.
Plus de cercle de lumière au bout des allées
cavalières, plus de désir lointain. Le regard
rivé au sol, on se pénètre de feuilles, de
mousses, de fougères déjà roussies : les révé-
lations ne peuvent naître que de la proximité.
Quand il s'agit de cèpes, de girolles, malgré
les camouflages, c'est un coup d'éclat, un
exploit biologique surgissant dans l'effraction,
la rupture, une pépite éblouissante au fond de
l'eau. Tout autre est le rapport avec les trompettes-de-la-mort. Peut-on parler de champi-
gnons ? Rien qui se dresse, qui surgisse.
Aucune vibration. Une telle osmose avec les
branches noircies tombées sur le sol, les
racines, les feuilles les plus sombres qu'on
doit bien se résoudre à l'idée qu'on les a

manquées. Et puis, de temps en temps, on perçoit la première. Elle n'est jamais seule. Sur la carte, les trompettes-de-la-mort forment des continents secrets, au moins des archipels. Découvrir une trompette est un plaisir comme assouvi d'avance, une assurance d'abondance. Cela serait presque trop facile, s'il n'y avait en contrepoint l'extrême difficulté de jouer à la vigie : « Terre ! Terre à l'horizon ! »

Car c'est bien de terre qu'il s'agit, d'un affleurement rampant — souvent, il faut faire voler les feuilles avec la paume de la main pour sentir la fragilité caoutchouteuse du petit cratère noir. On palpe la forêt, et c'est comme un charbon précieux où se mélangent la poussière et le poussier. Rentré chez soi, on ne les lave pas vraiment : on les sépare du sous-bois. Certaines ont des reflets grisâtres, presque dissuasifs, des bords déchiquetés, meurtris. Mais jetez-les dans l'omelette : sur fond jaune triomphant, elles sont soudain d'ébène, et leur arôme se répand sans le moindre chichi. Les pauvrettes grisettes effarouchées se blottissaient en pure perte au ras des apparences. Dans la poêle, c'est de l'or noir.

C'est bon

« C'est bon... » Mon père opine du chef en buvant son verre de sirop de grenadine. « C'est bon... » Surprise de l'entendre prononcer cette phrase qui l'a si peu accompagné tout au long de sa vie. Aussi loin que je remonte, je ne pense pas avoir jamais vu ces trois mots affleurer sur ses lèvres. Et voilà qu'à quatre-vingt-neuf ans, enfermé dans sa maladie d'Alzheimer, un assentiment voluptueux lui vient : « C'est bon. » Il boit le verre à petits coups. La sensation de plaisir semble maintenant diminuer. À la fin, je crois même qu'il revient à cette notion de devoir qui, elle, ne l'a jamais quitté. Il faut absolument finir son verre, finir son plat. Aux dernières années de pleine conscience, il maugréait devant les assiettes remplies qu'on poussait devant lui, au restaurant surtout. Il n'avait pas faim mais allait au bout du supplice, méthodiquement, à grand renfort de pain — une habitude prise depuis sa plus petite enfance. Il allait au bout parce qu'il était inconcevable de ne pas finir son assiette. Une morale complexe l'exigeait, ses origines paysannes le contraignant à honorer toute abondance, fût-elle infligée.

Il y a trois ou quatre ans, je l'ai vu se lever fatigué, les jambes flageolantes, et s'asseoir devant son café au lait matinal en murmurant : « Je suis foutu. » Mais maintenant qu'il est parti ailleurs, dans une demi-somnolence apparemment satisfaite et résignée, voilà qu'il dit : « C'est bon. »

C'est bon. On ne peut pas dire ces mots par hasard. Le père que j'ai connu avant se serait-il senti trahi de les avoir prononcés ? Je me rappelle ses retours du fond du jardin, aux plus chaudes journées d'été, dans la lourde chaleur d'Aquitaine. Je revenais d'une partie de foot ou d'une balade à bicyclette. J'appuyais mon vélo contre le mur de la maison pendant qu'il se lavait les mains juste à côté, au robinet extérieur. Il me jetait un regard qui n'était pas vraiment de reproche, mais où s'affirmait le triomphe de sa conception du devoir, l'évidente satisfaction qu'il prenait à se montrer transpirant d'une transpiration sérieuse. Ma mère lui servait un verre de panaché qu'il buvait en remerciant, mais sans dire : c'est bon.

Maintenant que tout est passé, qu'il ne tient plus les rênes — on l'a changé de chambre aujourd'hui pour modifier le revêtement de sol et il n'a même pas manifesté de surprise —, quel sens y a-t-il dans cet aveu de plaisir qu'il va réitérer au repas du soir en commençant son entremets à la vanille ?

Je l'ai entendu dire « c'est bon ». Deux fois dans la même journée. Deux fois en cinquante ans. Est-ce qu'il se sent mieux, débarrassé de toutes les tensions qui habitaient sa vie d'adulte ? Ou bien l'expression du plaisir est-elle chez lui proche d'une extrême lassitude, d'un abandon contraire à sa nature ? Peu importe, après tout. Je ne possède pas mon père. Il dit c'est bon, il aime le sucré, la grenadine et l'entremets à la vanille. Il dit c'est bon, et sans doute l'a-t-il pensé souvent sans le dire. Est-il davantage ou moins lui-même ? Il dit c'est bon.

Il voyagea

Le gueuloir de Flaubert n'était pas inutile. Longtemps, il accoucha de Megaras, de faubourgs de Carthage, de lascives esclaves nubiles, de lascifs esclaves nubiens. Un peu de remplissage rococo, juste pour l'oreille. On lui pardonne, car il sut faire résonner la mélancolique langueur du bovarysme commençant : « Elle songeait quelquefois que c'étaient là pourtant les plus beaux jours de sa vie... »

Mais la musique parfaite, la note bleue, elle est dans ces deux mots : « Il voyagea. » La première phrase de l'avant-dernier chapitre de *L'Éducation sentimentale*. Elle ne nécessite pas a priori d'autre talent que celui de connaître la conjugaison des verbes du premier groupe au passé simple. On pourrait l'attribuer à Pierre Dumourflard ou à Constantin Machonnet. Mais voilà. Elle vient après quatre cents pages de *L'Éducation sentimentale*, tant et tant de

101

mouvements mélodiques et balancés, l'énergie surhumaine qu'il faut pour construire un vrai grand roman singulier, un peu comme d'aucuns peuvent dire à propos de leur maison : « C'est moi qui ai tout fait. » Ils rajoutent parfois un épi de faîtage. Mais la phrase de Flaubert est bien plus que ça. Il voyagea. Il connut la mélancolie des paquebots... On n'a pas besoin de découvrir la suite : on la sait déjà. On sent physiquement la jubilation que Gustave prit à commencer son chapitre ainsi. Des combles à la charpente, tout est tellement en place qu'il s'ennuie un peu. Alors il sent venir la récompense. Tous ces mots ajustés, imbriqués, comprimés. Et puis soudain, mine de rien, comme un grand souffle d'air et de mélancolie, quatre syllabes disent l'essentiel. C'est la routine et la folie bornées du besogneux qui inventent l'artiste. Au dernier moment, le petit-bourgeois jette la veste pardessus l'épaule. La chronologie mesurée, soupesée, le décor quadrillé par la binette implacable du jardinier se laissent aller au savoureux désordre de la friche. L'espace et le temps ne regrettent rien. Seuls les prisonniers connaissent un jour l'ivresse de la liberté. En quelques phrases, ils vont se refaire une adolescence avec des paquebots, des réveils sous la tente. Quatre cents pages pour gagner : il voyagea.

Vin chaud

Une tisane ? Non, merci. Oscillations doucement désapprobatrices du chef, du genre : ne te donne pas de mal. On est bien comme ça. D'ailleurs on va s'en aller, il est déjà très tard. Une petite mirabelle ? Parfois la petite mirabelle. Mais le plus souvent, c'est non aussi. Gênant d'accepter l'alcool après avoir refusé la tisane. Mais un vin chaud ? Qu'y a-t-il dans ces deux mots qui emporte à l'avance l'adhésion ? Vin chaud. Tiens, oui, pourquoi pas ?

Souvent, un des invités ne sait pas exactement ce que c'est. Alors cette satisfaction de pouvoir lui dire :

— C'est du vin avec de la cannelle, du citron. On le fait flamber quand il est sur le point de bouillir. L'alcool s'évapore.

— Ah bon, il n'y a plus d'alcool ?

Mais ce n'est pas cela qui emporte la décision. Vin chaud. Une concentration de convivialité virtuelle plane sur ces deux mots réunis. Sonorités. L'énergie vitale, astringente et nasale de *vin* s'épanouit dans le chuintement rond, rouge-orange de *chaud*. Vin chaud. Un vent d'hiver souffle, agressif et salubre ; il fouette à peine le visage que déjà s'offre la récompense d'un havre ambré : une porte s'entrouvre et, dans la neige bleue, un faisceau de lumière invite à pénétrer, à se blottir. Soupe à l'oignon fait noctambule, fin de bamboche un peu hagarde et grise aux petites heures du matin. Vin chaud reste au creux de la nuit. Faire flamber le vin. Sur la casserole bouillante, un crépitement bleu court, électrique, irrépressible ; il prend parfois dans sa sécheresse des proportions impressionnantes, génie sorti de la lampe d'Aladin. Quand la tempête se calme, il est temps de revenir au salon. Chacun prend son bol blanc, les ondes d'un bien-être palpable gagnent la nuit d'hiver. On est ensemble dans ce silence-là, dans ce sang noir profond, quintessence sucrée de la tempête bleue. Vin chaud : c'est presque aussi bon que les mots.

Le bon usage de la pastèque

C'est tout au début de *L'Usage du monde*. Nicolas Bouvier retrouve à Belgrade son ami peintre Thierry Vernet. Celui-ci lui a préparé une place dans le bâtiment collectif délabré où il est accueilli lui-même, quelque part au bout d'une banlieue incertaine. Toutes les conditions sont réunies pour que le délice puisse s'immiscer sous la rugosité des apparences : la jeunesse, la liberté, la pauvreté légère, celle qu'on a choisie. Nicolas Bouvier est au début de la grande aventure. Pas le voyage — tant d'autres écrivains voyageurs ont fait, feront tellement plus dans le domaine de l'exploit sportif, la prise de risque. Mais l'écriture. Car tous ses livres seront cela. L'écriture d'une aventure — un peu. Mais bien plus l'aventure d'une écriture. Un œil, un vrai regard qui se promène et qui mange tout : les gens, les paysages, les instants. Son palais yougoslave ? « Un sommier rouillé, la lampe à pétrole et, posés à côté du Primus sur une feuille d'érable, une pastèque et un fromage de chèvre. La lessive du jour séchait sur une corde tendue... J'étendis mon sac sur le sol et me couchai tout habillé. La ciguë et l'ombelle montaient jusqu'aux croisées ouvertes sur le ciel d'été. »

Une pastèque et un fromage de chèvre. Frugal, c'est l'adjectif qui qualifie ce genre de festin. Mais il est des frugalités plus plantureuses que tous les tabliers de sapeur et tous les pieds-paquets. Fraîcheur sucrée de la pastèque, fraîcheur un peu acide du fromage de chèvre. Une soif, des couleurs, le monde entier à découvrir, le temps n'est pas compté. Vingt-quatre ans dans les veines, tous les rêves devant et, derrière, mine de rien, toute la culture oubliée qu'il faut pour nommer le présent, installer la pastèque et le fromage de chèvre sur une feuille d'érable, entre la lampe à pétrole et le linge qui sèche. Les ingrédients sont savamment pesés pour rester minces et faire sourdre la frugalité tout au long de la route. La phrase qui suit : « Fainéanter dans un monde neuf est la plus absorbante des occupations. » C'est une assez bonne définition de la lecture, et la définition la plus subtile de l'appétit.

Œuvres de Philippe Delerm (suite)

LE BUVEUR DE TEMPS, Folio, n° 4073.

LE MIROIR DE MA MÈRE (en collaboration avec Marthe Delerm).

AUTUMN (prix Alain-Fournier 1990), Folio, n° 3166.

LES AMOUREUX DE L'HÔTEL DE VILLE, Folio, n° 3976.

MISTER MOUSE OU LA MÉTAPHYSIQUE DU TERRIER, Folio, n° 3470.

L'ENVOL.

SUNDBORN OU LES JOURS DE LUMIÈRE (prix des Libraires 1997 et prix national des Bibliothécaires 1997), Folio, n° 3041.

PANIER DE FRUITS.

LE PORTIQUE, Folio, n° 3761.

Aux Éditions Milan

C'EST BIEN.

C'EST TOUJOURS BIEN.

Aux Éditions Stock

LES CHEMINS NOUS INVENTENT.

Aux Éditions Champ Vallon

ROUEN, collection « Des villes ».

Aux Éditions Flohic

INTÉRIEUR, collection « Musées secrets ».

Aux Éditions Magnard Jeunesse

SORTILÈGE AU MUSÉUM.

LA MALÉDICTION DES RUINES.

LES GLACES DU CHIMBAROZO.

Aux Éditions Fayard

PARIS L'INSTANT.

Aux Éditions du Seuil

FRAGILE. Aquarelles de Martine Delerm.

Aux Éditions du Serpent à Plumes

QUIPROQUO. Motifs n° 223.